Garance, la fée rouge

Du même auteur,
dans la même collection :

2. Clémentine, la fée orange
3. Ambre, la fée jaune
4. Fougère, la fée verte
5. Marine, la fée bleue
6. Violine, la fée indigo
7. Lilas, la fée mauve

Clémence, la fée des vacances
Gaëlle, la fée de Noël
Stella, la fée des étoiles

L'ARC-EN-CIEL magique

Garance, la fée rouge

Daisy Meadows

Traduit de l'anglais par Charlie Meunier
Illustré par Georgie Ripper

POCKET
jeunesse

Titre original :
Rainbow Magic - Ruby the Red Fairy

Publié pour la première fois en 2003
par Orchard Books, Londres.

Loi n° 49-956 du 16 juillet 1949 sur les publications
destinées à la jeunesse : janvier 2006.

La série « L'Arc-en-Ciel magique » a été créée
par Working Partners Limited, Londres.

ISBN 978-2-266-14861-0

Dédié à Joanna Pikington,
qui a trouvé des fées
dans son magnifique jardin.

Avec des remerciements
tout particuliers
à Narinder Dhami.

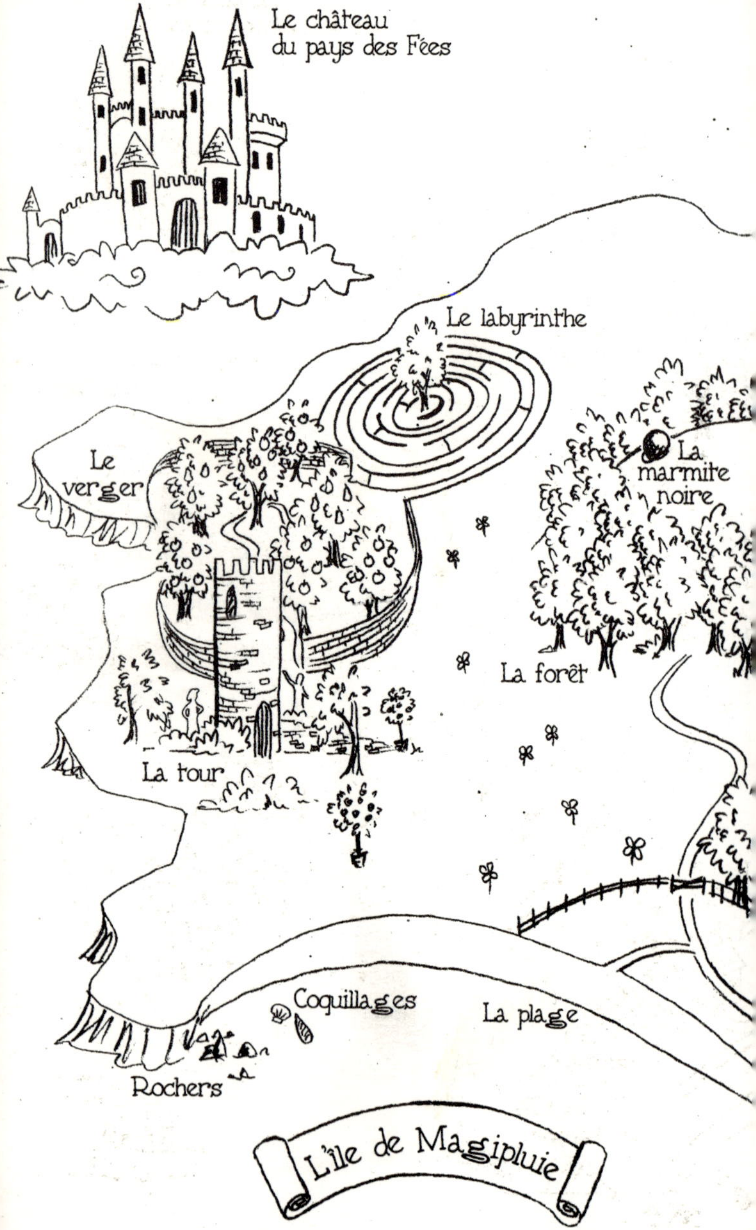
Le château
du pays des Fées
Le labyrinthe
Le verger
La marmite noire
La forêt
La tour
Coquillages
La plage
Rochers
L'île de Magipluie

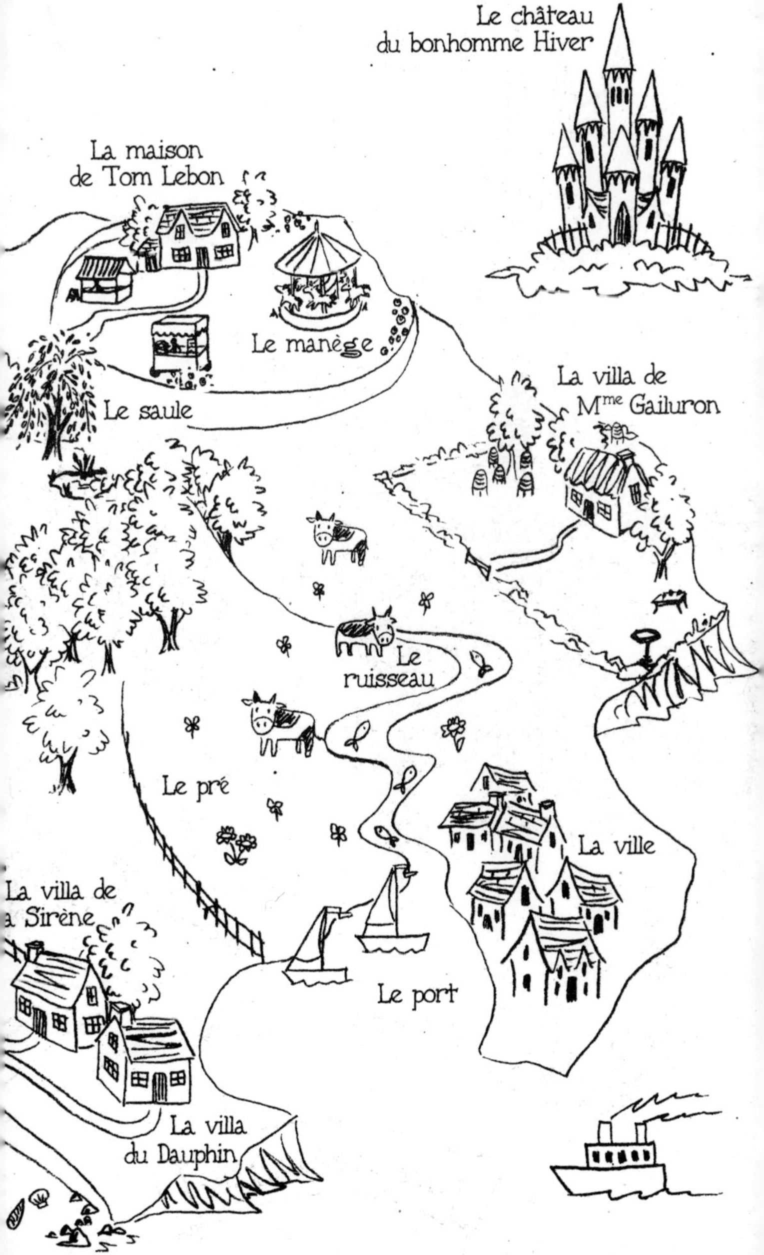
Le château
du bonhomme Hiver
La maison
de Tom Lebon
Le manège
Le saule
La villa de
Mme Gailuron
Le
ruisseau
Le pré
La ville
La villa de
a Sirène
Le port
La villa
du Dauphin

Le vent souffle en bourrasque,
Toute eau se change en glace.
Moi, bonhomme Hiver, j'ai jeté le masque
Pour disperser sur la terre des mortels
Ces satanées sept fées de l'Arc-en-Ciel!

Le pays des Fées s'enfonce sous la neige.
Moi, bonhomme Hiver, j'ai jeté un sortilège:
Dorénavant et pour l'éternité
Le pays des Fées plonge dans l'obscurité!

Au bout de l'arc-en-ciel

Le bateau fendait les vagues, tel un dauphin. Il se dirigeait droit vers une île qui apparaissait au loin.

– Papa ! s'écria Rachel Walker. Tu crois que c'est l'île de Magipluie ?

– Oui, répondit son père. Ça y est, nos vacances commencent pour de bon !!!

Rachel était impatiente d'arriver. Elle distinguait déjà les falaises blanches, les prés et les longues plages de sable doré.

Elle sentit soudain de lourdes gouttes s'écraser sur sa tête.

– Ça alors ! s'étonna-t-elle. D'où vient cette pluie ?

En effet, le soleil brillait haut et fort dans un ciel sans nuages.

– Allons vite nous abriter, décida sa mère.

Rachel la suivit jusqu'à leur cabine.

– C'est bizarre, non ? remarqua-t-elle. Le soleil et la pluie en même temps…

M. Walker, lui, n'avait pas l'air impressionné du tout.

– Espérons qu'il ne pleuvra plus quand nous arriverons au port, dit-il. Bon, où ai-je bien pu ranger la carte de l'île ?

Rachel regarda à travers le hublot et écarquilla les yeux de surprise.

Une fille se tenait sur le pont. Toute seule. Ses cheveux noirs dégoulinaient, mais cela ne paraissait pas la gêner. Elle contemplait fixement le ciel. Rien n'aurait pu l'en détourner.

Les parents de Rachel étaient plongés dans l'étude de la carte : la petite fille en profita pour sortir de la cabine sur la pointe des pieds et rejoindre l'inconnue…

Elle ne fut pas déçue !

Très haut dans le bleu du ciel s'étalait un arc-en-ciel extraordinaire, comme Rachel n'en avait jamais vu ! L'une de ses extrémités s'étirait loin à l'horizon. L'autre s'enfonçait quelque part dans l'île de Magipluie.

– Il est fabuleux, n'est-ce pas ? chuchota la fille brune.

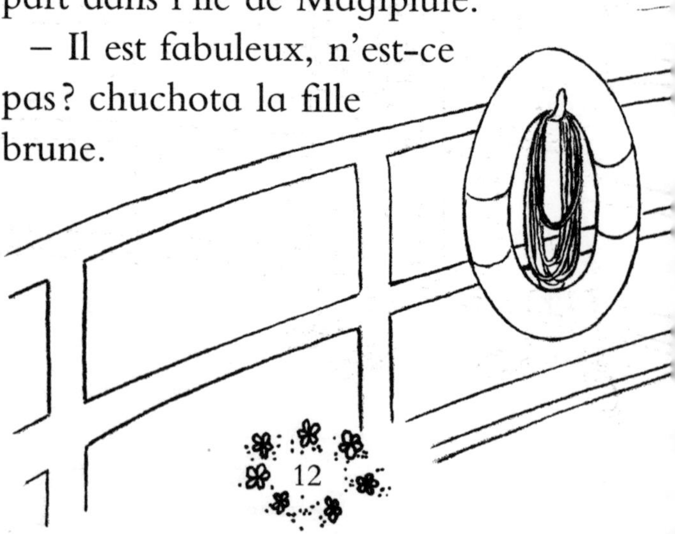

rouge
orange
jaune
vert
bleu
indigo
mauve

– Oh, oui, approuva Rachel, éblouie.

Elles demeurèrent un instant silencieuses, côte à côte, puis Rachel demanda :

– Toi aussi, tu viens passer des vacances ici ?

– Oui, une semaine. Je m'appelle Betty Tate.

– Et moi, Rachel Walker. Nous allons habiter la villa de la Sirène, avec mes parents.

– Nous, celle du Dauphin, dit Betty. On sera peut-être voisines.

– Ce serait bien, fit Rachel.

Les deux filles devinaient déjà qu'elles pourraient devenir amies.

La pluie avait cessé. Betty se pencha par-dessus le bastingage. Elle observa l'eau qui bouillonnait contre le flanc du bateau. Plus loin, la houle miroitait, scintillant de mille reflets.

– Ça a l'air profond, par ici. Et s'il y avait des sirènes ? Peut-être qu'elles sont en train de nous épier ?

Rachel contemplait les vagues, elle aussi. Soudain, elle aperçut quelque chose remuer à la surface.

– Regarde ! s'écria-t-elle. Ce ne sont pas les cheveux d'une sirène, justement ?

– Ou son collier, suggéra Betty. Elle l'aurait perdu en essayant d'échapper à un monstre marin ?...

Elles éclatèrent de rire : ce n'était qu'un paquet d'algues.

Le bateau entrait dans le petit port de Magipluie.

Les mouettes volaient en cercle et les barques de pêcheur dansaient sur les flots.

– Tu as vu cette grande falaise blanche, là-bas ?

s'exclama Betty.
Elle ressemble à une tête de géant!

Décidément, avec Betty, il y avait de la magie partout!

– Rachel, on est arrivés! cria Mme Walker en sortant sur le pont. On descend dans quelques minutes.

– Maman, papa, je vous présente Betty. Elle va habiter la villa du Dauphin.

– C'est celle qui est juste à côté de la nôtre, dit M. Walker. Je les ai repérées sur la carte.

Rachel et Betty échangèrent un clin d'œil complice.

– Il faut que je rejoigne mes parents, fit Betty. Ah, les voilà !

Les adultes firent connaissance, puis le bateau accosta et les passagers mirent pied à terre.

– Nos maisons sont de l'autre côté du port, expliqua le père de Rachel. Ce n'est pas loin d'ici.

Rachel adora tout de suite sa chambre, nichée sous les toits. Par la fenêtre, elle voyait les vagues rouler sur le sable.

Quelqu'un l'appela, dehors. C'était Betty, qui lui faisait de grands signes.

– Tu viens sur la plage?

Rachel courut vers elle.

Des algues s'amassaient sur le rivage et sous leurs pas crissaient de petits coquillages roses et blancs.

Rachel cria à pleins poumons pour couvrir le bruit des mouettes:

– J'adore, ici!

– Moi aussi! répondit Betty. Regarde, l'arc-en-ciel est toujours là.

Rachel leva les yeux. Il chatoyait au milieu des nuages blancs.

– Tu connais l'histoire de la marmite pleine d'or au bout de l'arc-en-ciel? demanda Betty.

– Oh! c'est dans les contes, ça!

– Peut-être… rétorqua Betty avec un sourire. Et si on allait vérifier ?

– D'accord. On va jouer les exploratrices…

Au pas de course, elles revinrent prévenir leurs parents. Puis elles prirent un sentier qui partait derrière les maisons.

Elles s'éloignèrent peu à peu de la mer, traversèrent quelques prés avant d'atteindre un petit bois.

Rachel ne quittait pas des yeux l'arc-en-ciel. Elle craignait qu'il ne pâlisse, maintenant que la pluie avait cessé.

Pourtant non : ses couleurs demeuraient toujours aussi vives.

– Il vient de là-bas ! Allons-y ! lança Betty.

Elles se précipitèrent dans le bois. Il y faisait frais après la chaleur étouffante du soleil. Les deux filles suivirent un chemin qui serpentait entre les arbres. Il les mena dans une clairière. Là, elles s'arrêtèrent, les yeux écarquillés.

Au beau milieu de la trouée, l'arc-en-ciel disparaissait dans l'herbe, à l'endroit même où reposait une vieille marmite, toute noire de suie.

Une toute petite surprise

– Regarde ! chuchota Betty. Une marmite remplie de pièces d'or ! Comme dans les contes !

– C'est peut-être une marmite pour la soupe, répliqua Rachel en observant le récipient renversé dans l'herbe. Des campeurs ont dû l'oublier…

– Ça m'étonnerait, rétorqua Betty. Elle a l'air vraiment ancienne.

Elle s'en approcha et entreprit de la retourner.

– Oh là là ! Elle est trop lourde ! s'exclama-t-elle.

Elle eut beau s'acharner, la marmite ne bougea pas d'un pouce.

Rachel se précipita pour l'aider. Ensemble, elles poussèrent de toutes leurs forces. Cette fois, elles réussirent à la déplacer de quelques misérables millimètres.

– On recommence ! souffla Betty, hors d'haleine. Tu es prête ? Un… deux…

Tap ! Tap ! Tap !

Les filles se regardèrent.

– C'était quoi, ce bruit ? demanda Rachel.

– Je ne sais pas, murmura Betty.

Tap ! Tap ! Tap !

Betty se pencha pour examiner leur trouvaille de plus près.

– Ça vient de l'intérieur !

– Tu en es sûre ? fit Rachel, et elle colla une oreille contre le récipient.

Tap ! Tap ! Tap !

À son grand étonnement, un faible cri lui parvint :

– Au secours ! Aidez-moi !

– Tu as entendu ? dit Rachel en saisissant le bras de son amie.

– Vite ! répondit Betty. Il faut absolument la retourner.

Elles se remirent à pousser la marmite du plus fort qu'elles pouvaient. Celle-ci commença à osciller doucement.

– On y est presque ! s'exclama Rachel, épuisée. Courage !

Arc-boutées, les bras tendus, elles rougissaient sous l'effort. Soudain, le vieux faitout emporté par son poids bascula sur le côté. Surprises, les filles perdirent l'équilibre et tombèrent dans l'herbe.

– Oh ! dit Betty, le souffle coupé.

Une pluie de paillettes écarlates s'échappa de la marmite. Elle formait un nuage scintillant au-dessus de leurs têtes. Au cœur de cette nuée se tenait une minuscule créature ailée.

Rachel et Betty étaient fascinées : la créature quitta son nuage et voleta dans la lumière du soleil. Ses ailes délicates brillaient de toutes les couleurs de l'arc-en-ciel.

– Oh ! Une fée ! chuchota Betty.

Un enchantement

La fée – car c'en était une – se mit à tourner autour des filles, comme pour se dégourdir les ailes. Elle portait une robe courte, soyeuse, couleur framboise. Des éclats de cristal vermeils brillaient à ses oreilles. Sa chevelure dorée était piquetée de menues roses rouges, et ses petits pieds étaient chaussés de ballerines écarlates.

Elle agita sa baguette, aussi rouge qu'un coquelicot, et une nouvelle averse de paillettes magiques se déposa en douceur sur le sol. *Pop !* Une multitude de fleurs étincelantes jaillirent, tels des rubis.

Rachel et Betty n'en croyaient pas leurs yeux. Elles avaient devant elles une VÉRITABLE fée.

– C'est comme un rêve, s'extasia Rachel.

– J'ai toujours cru aux fées, dit Betty. Mais je n'aurais jamais imaginé en voir une *en vrai* !

– Oh, merci ! s'écria la minuscule créature. Me voilà enfin libre !

D'un bond, elle vint se poser dans la paume de Betty. Celle-ci n'osait plus

respirer. La fée était plus légère et plus douce qu'un papillon.

– Je pensais que je resterais prisonnière à jamais de cette marmite ! continua la fée.

Betty avait mille questions à poser et ne savait par où commencer. Elle n'eut pas le temps de se lancer. Incapable de tenir en place, la fée s'envola de nouveau. Elle babillait de sa voix pointue.

– Dites-moi vite : comment vous appelez-vous ? Ne traînons pas, il y a tant à faire !

– Je m'appelle Rachel…

Mais de quoi veut-elle parler ? se demanda Rachel en même temps.

– Moi, Betty. Et toi, qui es-tu ?

– Je suis la fée rouge de l'Arc-en-Ciel. Vous pouvez m'appeler Garance.

– Garance… répéta Betty. Une fée de l'Arc-en-Ciel…

Elle échangea avec Rachel un regard émerveillé. Voilà qu'elles se trouvaient plongées en pleine magie !

– Oui, poursuivit Garance. Et j'ai six sœurs : Clémentine, Ambre, Fougère, Marine, Violine et Lilas. D'une certaine façon, à nous sept, nous sommes l'Arc-en-Ciel. Enfin… nous l'étions !

Tout à coup, elle sembla désespérée et reprit :

– Comment allons-nous faire ? Notre mission est impossible, à présent !

– Quelle mission ? voulut savoir Rachel.

Garance vint se poser sur sa main.

– Notre pays des Fées est devenu complètement terne, expliqua-t-elle. Nous devons le colorer à nouveau, c'est urgent !

– Mais pourquoi étais-tu enfermée dans cette vieille marmite ? insista Rachel.

– Et où sont tes sœurs ? ajouta Betty.

Les ailes dorées de Garance retombèrent contre ses flancs. Ses yeux se mouillèrent de minuscules larmes de diamant.

– Je ne sais pas, dit-elle. Il s'est passé quelque chose d'épouvantable, au pays des Fées. Vous devez nous aider.

La catastrophe

La fée était recroquevillée dans la paume de Rachel.

– Nous vous aiderons, Garance. Courage ! lui dit Betty.

– Que devons-nous faire ? demanda Rachel.

Garance essuya ses larmes d'un revers de main.

– Merci ! s'écria-t-elle. Vite, il n'y a pas de temps à perdre ! D'abord, je vais vous montrer une chose terrible…

Et elle s'envola. Ses ailes chatoyantes vibraient dans le soleil.

Quelque peu inquiètes, Rachel et Betty la suivirent. De l'autre côté de la clairière, elles s'arrêtèrent près d'une mare. Un saule pleureur s'y reflétait.

– Vous allez découvrir ce qui s'est passé hier dans notre pays, expliqua la fée.

Garance survola le plan d'eau et répandit une nouvelle pluie de paillettes du bout de sa baguette magique. Aussitôt, d'étranges lueurs miroitèrent à la surface. L'eau se mit à bouillonner, puis tout redevint calme. Alors, sous les yeux éblouis des deux fillettes, une image translucide se forma.

Penchées sur la mare, Rachel et Betty regardaient ce tableau vivant, comme à travers une vitre.

Une rivière turquoise coulait entre des collines émeraude, vert mousse ou bien olive. Des maisons en forme de champignon rouge et blanc s'éparpillaient dans les prés fleuris. Au sommet de la plus haute butte, se dressait un château argenté, à quatre tourelles roses. Leurs toits pointus disparaissaient dans les nuages duveteux.

Le petit peuple des fées, des lutins, des elfes et des farfadets se dirigeait en foule vers le château. Certains marchaient ou bondissaient, d'autres volaient. Tous se hâtaient, joyeux.

– Hier, au pays des Fées, c'était le grand bal de l'Été, expliqua Garance.

Elle voleta au-dessus de la mare pour désigner, du bout de sa baguette, un point au milieu de la scène.

– Je suis là, ajouta-t-elle, avec mes sœurs de l'Arc-en-Ciel.

Betty et Rachel s'inclinèrent encore un peu. Elles virent sept fées, chacune vêtue avec élégance, dans sa propre

couleur. Toutes laissaient derrière elles une traînée de poussière magique.

– Le grand bal de l'Été est un moment exceptionnel, continua Garance. Mes sœurs et moi sommes responsables des invitations.

Soudain, les cloches sonnèrent, les trompettes trompetèrent, et les portes du château s'ouvrirent lentement.

– Voici Obéron et Titania, dit Garance. Le roi et la reine de notre pays.

Le couple royal apparut sur le seuil. Obéron était enveloppé dans un manteau doré, et sur sa tête une couronne d'or était posée. Titania, dans une robe argent, était parée d'un diadème étincelant de diamants.

Des cris de joie fusèrent de toutes parts. La clameur devenait assourdissante. Le roi réclama le silence d'un geste.

– Peuple du pays des Fées, nous voici tous réunis pour célébrer la plus belle des saisons. Nous déclarons ouvert le grand bal de l'Été… Que la fête commence !

Les applaudissements crépitèrent. Puis l'orchestre se mit à jouer. Chaque instrument était tenu par une grenouille en habit violet. Le chanteur – un grand crapaud dont le cou s'ornait d'un nœud papillon cramoisi – bougeait en cadence, déchaîné.

Aussitôt, fées et lutins, elfes et farfadets, tous entrèrent dans la danse. Les couples tournoyaient, la fête battait son plein.

Brusquement, un brouillard gris envahit l'image. À présent, les petits personnages grelottaient sous les yeux inquiets de Rachel et Betty.

– Arrêtez la musique! tonna une voix froide, brutale.

L'orchestre cessa de jouer et les danseurs s'immobilisèrent. Une longue silhouette d'une affreuse maigreur se frayait un chemin à travers la foule. Un être tout de blanc vêtu, la barbe et les cheveux couverts de givre. Des glaçons pendaient de ses vêtements. Mais son visage était rouge de colère.

– Qui est-ce? demanda Rachel en frissonnant.

Déjà, de la glace se formait sur les bords de la mare.

– Le bonhomme Hiver, souffla Garance, transie elle aussi.

L'horrible bonhomme dévisagea les fées de l'Arc-en-Ciel avec mépris.

– Pourquoi n'ai-je pas été invité à ce bal ? demanda-t-il d'un ton cinglant.

Les sept fées laissèrent échapper un cri…

Garance sourit tristement aux deux fillettes.

– C'est vrai, confirma-t-elle. Nous avions oublié de l'inviter…

La reine fit alors un pas en avant.

– Bonhomme Hiver, dit-elle, accepte nos excuses pour ce malentendu. Nous sommes heureux de t'accueillir. Reste avec nous et amuse-toi.

Mais cela ne suffit pas à calmer la fureur de l'invité surprise. Bien au contraire : il trépignait de rage.

– Trop tard ! Pas d'excuses ! Pas d'excuses ! Il est INTERDIT de m'oublier ! siffla-t-il.

Il se tourna d'un coup pour désigner les sept fées d'un doigt de glace.

– Ma vengeance sera terrible ! menaça-t-il. Je vous jette un sort : soyez bannies aux sept points du monde des mortels. À partir d'aujour-

d’hui, et pour l’éternité, le pays des Fées perdra ses couleurs !

Le sortilège du bonhomme Hiver

Dès les derniers mots de l'odieux bonhomme, un vent violent se leva. Les bourrasques balayèrent les sept fées, qui s'envolèrent en tourbillonnant. Dans le ciel de plus en plus sombre, sept petits points s'éloignaient. Impuissant, le peuple du pays des Fées les regarda disparaître.

Alors, le bonhomme Hiver se tourna vers le roi et la reine. Il leur dit :

– Vos fées de l'Arc-en-Ciel sont prisonnières. Jamais vous ne les reverrez.

Puis il fit volte-face et s'en alla, laissant derrière lui l'empreinte gelée de ses pas.

Titania réagit aussitôt. En hâte, elle s'avança et brandit sa baguette

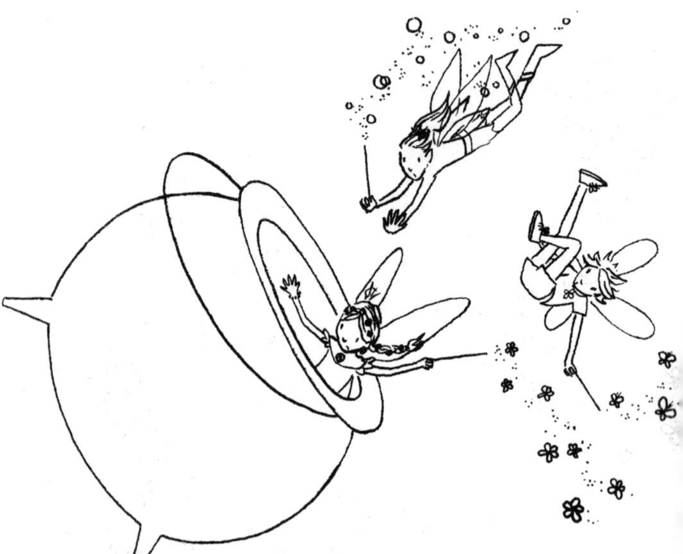

d'argent. Dans la tempête qui faisait rage, elle s'écria :

– Je ne peux pas dénouer ce sortilège ! Mais je mettrai nos fées à l'abri, jusqu'à ce qu'on puisse les sauver !

Du bout de sa baguette, la reine pointa le ciel noir. Une vieille marmite surgit d'entre les nuages et se dirigea droit vers les fées. L'une après l'autre, elle les avala.

– Marmite du Bout de l'Arc-en-Ciel, protège nos fées sans jamais les séparer ! ordonna la reine. Emmène-les jusqu'à l'île de Magipluie !

La marmite s'enfonça telle une fusée dans le brouillard opaque.

Au pays des Fées, les couleurs pâlissaient à vue d'œil. Bientôt, le paysage entier ressembla à une vieille photo en noir et blanc.

À la surface de la mare, l'image s'effaça.

– C'est affreux ! s'exclama Betty, au bord des larmes.

– Ainsi, votre reine a jeté un contre-sort, et il a fonctionné ! dit Rachel, impressionnée. Mais pourquoi a-t-elle choisi Magipluie ?

– Titania savait qu'ici nous serions en sécurité, répondit Garance. Nous connaissons bien l'île. C'est un lieu enchanté.

– Où sont tes sœurs ? demanda Betty. Elles étaient dans la marmite avec toi…

Garance baissa la tête, l'air chagrin.

– Le sortilège du bonhomme Hiver devait être plus fort que celui de la reine, expliqua-t-elle. La violence du vent les a chassées de la marmite,

l'une après l'autre. J'étais tout au fond, protégée. Seulement, quand ce fichu faitout a atterri à l'envers, j'ai été piégée à l'intérieur !

– Tes sœurs aussi doivent être sur Magipluie, non ? insista Betty.

– Bien sûr, acquiesça Garance, mais éparpillées aux quatre coins de l'île !

Elle voleta vers Betty et vint se percher sur son épaule.

– C'est là que vous devez nous aider, Rachel et toi, ajouta-t-elle.

– Nous ne demandons pas mieux, mais comment ?

– Si vous m'avez trouvée, répliqua la fée, c'est parce que vous croyez en la magie. Cela vous donne le pouvoir de sauver mes sœurs ! Ensemble, réunies, nous ramènerons la couleur au pays des Fées.

Une visite au pays des Fées

Betty, pleine de tendresse, avait envie d'aider les fées. Elle s'écria, débordant d'énergie :

– Partons tout de suite à leur recherche ! D'accord, Rachel ?

Son amie acquiesça d'un hochement de tête.

– Compte sur nous ! Nous les trouverons, tes sœurs, assura-t-elle.

– Merci beaucoup, dit Garance. Grâce à vous, je reprends espoir. Il ne faut pas perdre une minute. D'abord, je vais vous emmener au pays des Fées. Je vous présenterai au roi et à la reine.

Les deux filles dévisagèrent Garance.

– Tu vas nous emmener au pays des Fées ? répéta Betty, qui n'en croyait pas ses oreilles.

– Mais par quel moyen ? demanda Rachel.

– En volant, bien sûr.

– Tu sais, nous n'avons pas d'ailes !

Garance sourit puis, vivement, elle s'éleva pour aller voltiger au-dessus des deux fillettes. Elle agita sa baguette avec vigueur et les recouvrit d'un nuage de paillettes écarlates.

Il se produisit aussitôt une chose très étrange. Était-ce les arbres qui grandissaient à vue d'œil? Ou... plutôt, oui, c'étaient elles, Betty et Rachel, qui rapetissaient! Et de plus en plus, jusqu'à atteindre la taille de la fée.

– Je suis minuscule! s'exclama Rachel en riant.

Les fleurs, les brins d'herbe autour d'elle étaient devenus une immense et haute forêt.

Betty se tordit le cou pour regarder dans

son dos. Comme Rachel, elle avait des ailes aussi fines et brillantes que celles d'une libellule !

Garance contemplait ses nouvelles amies d'un air ravi.

– Maintenant, plus rien ne vous empêche de voler. En route !

Betty remua les épaules. Ses ailes battirent et elle se sentit soulevée dans les airs. Quelle sensation bizarre !

Rachel monta d'un seul coup, en flèche.

– Au secours ! cria-t-elle. Oh là là ! Je ne suis pas très douée !

– N'ayez pas peur, dit la fée. Je vais vous aider.

Elle les attrapa par la main, puis, les guidant fermement, les entraîna hors de la clairière.

Quelques pirouettes plus tard, Rachel commença à s'habituer au vol. Elle baissa les yeux vers la terre et vit les vaches dans les prés, les maisons près de la plage ; elle vit aussi le port et ses bateaux.

– Où est le pays des Fées ? voulut savoir Betty, tandis qu'elles montaient de plus en plus haut dans le ciel, au cœur des nuages.

– Très loin, aucun mortel n'y est jamais allé, répondit Garance.

Elles volèrent ainsi longtemps, bien longtemps…

– Nous sommes arrivées, annonça enfin Garance.

Quand elles quittèrent les nuages, Betty et Rachel reconnurent l'image qu'elles avaient vue dans la mare :

le château, les collines avec leurs maisons-champignons, la rivière et les fleurs. Mais plus rien n'était en couleurs. Le sortilège du bonhomme Hiver avait tout noyé dans le gris sombre. Le paysage entier baignait dans une brume froide et humide.

Quelques fées erraient tristement sur les chemins. Leurs ailes pendaient, ternes et molles. Plus personne n'avait envie de voler.

Soudain, une des fées leva les yeux vers le ciel.

– Regardez ! cria-t-elle. C'est Garance qui revient ! Elle n'est pas seule !

Aussitôt, un essaim de fées vola à leur rencontre. Elles parlaient toutes en même temps et les pressaient de questions.

– Tu viens de Magipluie, Garance ?

– Où sont tes sœurs ?

– Tu vas nous ramener les couleurs, hein ?

– Présente-nous tes amies !

– D'abord, nous devons voir le roi et la reine. Ensuite, je vous raconterai tout ! promit Garance.

Sur sa pâle colline, le château se dressait, gris et sinistre. Dans la plus grande salle trônaient Obéron et Titania, accablés. Pourtant, lorsqu'ils virent entrer Garance et ses deux amies, leur visage s'éclaira.

– Nous sommes si contents de te revoir, dit la reine. Tu nous as beaucoup manqué.

– Merci, Vos Majestés. J'ai trouvé, pour nous venir en aide, deux fillettes qui croient en la magie ! annonça

Garance. Je vous présente Rachel et Betty.

Rapidement, Garance expliqua le sort réservé à ses six sœurs. Elle raconta son séjour au fond de la marmite ; elle raconta comment Rachel et Betty l'en avaient délivrée.

– Nos fées de l'Arc-en-Ciel sont pour nous de précieux trésors, déclara le roi. Nous ne vous remercierons jamais assez.

– Ainsi, vous acceptez vraiment de nous aider à retrouver les sœurs de Garance ? interrogea la reine.

– Oui, affirma Betty.

– Mais comment savoir où les chercher ? fit Rachel.

– Ne vous inquiétez pas et, surtout, ne forcez pas les choses, répondit la reine. Profitez de vos vacances, soyez confiantes : la magie viendra à vous. Il suffit d'attendre et d'observer.

– Il vous reste six jours sur Magipluie et six fées à trouver, ajouta le roi en se caressant la barbe d'un air pensif. Une fée par jour… C'est une tâche difficile. Il vous faudra de l'aide.

Il fit signe à l'un de ses valets, un crapaud grassouillet en redingote boutonnée.

D'un bond, celui-ci s'approcha de Rachel et de Betty ; il tendit à chacune une minuscule bourse en mailles d'argent.

– Cette bourse contient des objets magiques, leur révéla la reine. Ne regardez pas à l'intérieur. Ouvrez-la seulement quand vous en aurez besoin ; vous y trouverez toujours quelque chose qui vous sera utile.

– Attention ! s'exclama soudain un autre crapaud. Mlle Garance commence à pâlir !

En effet, c'était visible : la fée perdait peu à peu ses couleurs. Déjà, sa jolie robe n'était plus rouge mais rose, et ses cheveux d'or devenaient blancs.

– Le sortilège du bonhomme Hiver est toujours actif, observa le roi, soucieux. Nous ne pourrons pas le briser

tant que les fées de l'Arc-en-Ciel ne seront pas réunies.

– Garance, dit la Reine, ne te mets pas en danger. Retourne immédiatement sur l'île de Magipluie !

Sans attendre, Garance, Betty et Rachel se retirèrent.

– Ne craignez rien ! lança Betty. Nous reviendrons bientôt avec les sept fées !

– Bonne chance ! s'écrièrent en chœur Obéron et Titania.

Tandis qu'elles volaient à tire-d'aile, Rachel et Betty ne quittaient pas Garance des yeux. Heureusement, au fur et à mesure qu'elles s'éloignaient du pays des Fées, Garance retrouvait ses jolies teintes. Bientôt, elle scintilla de tout son éclat.

Après un long voyage, Magipluie fut en vue. Les trois amies se dirigèrent vers la clairière et atterrirent près de la marmite. D'un coup de baguette magique, Garance enveloppa les deux filles d'un nuage de paillettes. Il y eut un éclair écarlate et elles retrouvèrent leur taille habituelle.

Rachel bougea les épaules : oui, ses ailes avaient disparu.

– Oh ! j'ai adoré être une fée, déclara Betty.

Alors, Garance vaporisa le vieux faitout de poussière enchantée.

– Qu'est-ce que tu fais ? demanda Rachel.

– À cause du sortilège, je ne peux pas vous aider à rechercher mes sœurs, répondit tristement la fée. Je suis obligée de vous attendre ici, dans la marmite du Bout de l'Arc-en-Ciel.

Celle-ci se mit tout à coup à osciller. Puis elle roula sur l'herbe et vint s'arrêter sous le saule pleureur, là où les branches tombaient jusqu'à terre.

– La marmite sera bien cachée, expliqua la fée. Dedans, je ne risquerai rien. Et n'oubliez pas ce qu'a dit la reine : laissez venir à vous la magie.

Perchée sur le rebord de la marmite, elle repoussa une des branches du saule et leur adressa de grands gestes d'adieu.

– Au revoir et bonne chance ! cria-t-elle.

– Nous serons bientôt de retour, promit Betty.

– Et nous ramènerons tes sœurs, ajouta Rachel. Promis, juré !

L'ARC-EN-CIEL magique

Protégée à l'ombre
du saule pleureur, Garance
est bien cachée dans la marmite
du Bout de l'Arc-en-Ciel.
À présent, Betty et Rachel
doivent retrouver

Clémentine, la fée orange

Table des matières

L'ARC-EN-CIEL magique

Rachel et Betty réussiront-elles à libérer Clémentine ?

Pour le savoir, lisez

Clémentine, la fée orange

Un bien étrange coquillage

Betty Tate et Rachel Walker étaient en vacances sur l'île de Magipluie pour une semaine. Elles s'étaient rencontrées sur le bateau, au cours de la traversée. Aussitôt, les fillettes étaient devenues de vraies amies.

Ce jour-là, les deux familles avaient décidé de se promener sur la plage.

Les parents discutaient tout en marchant tandis que les filles couraient sur le sable fin.

– Quelle belle journée ! s'exclama Rachel.

– Oui, c'est une journée *magique* ! ajouta Betty.

Elles échangèrent un sourire complice. Eh oui, l'île était bel et bien enchantée ! Elles le savaient.

Les deux filles dépassèrent plusieurs flaques d'eau de mer qui scintillaient dans le soleil. Rachel entendit alors un léger *splash*.

– Betty, il y a quelque chose là-bas ! dit-elle. Allons voir !

Elles s'accroupirent, le cœur battant, pour scruter l'eau, limpide comme du cristal. Le fond de la flaque se troubla. Un petit crabe brun apparut et fila se cacher sous un rocher.

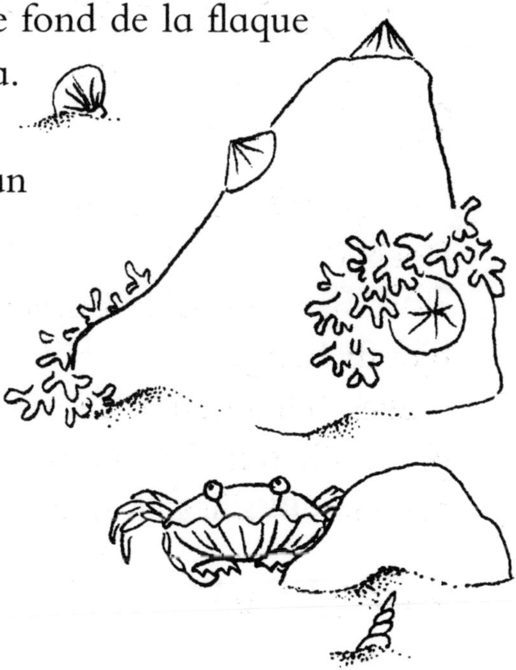

Déçue, Betty soupira :

– J'ai cru que c'était une autre fée de l'Arc-en-Ciel.

– Moi aussi, murmura Rachel. Dommage ! On continue à chercher...

– Bien sûr ! fit Betty, mais... chut, les parents approchent !

Betty et Rachel étaient chargées d'une mission top-secrète : retrouver les sept fées de l'Arc-en-Ciel qu'un sortilège avait dispersées aux quatre coins de l'île de Magipluie.

Lors du grand bal de l'Été au pays des Fées, le bonhomme Hiver, mécontent de ne pas avoir été invité, s'était cruellement vengé : il avait chassé les fées de l'Arc-en-Ciel loin de chez elles, privant ainsi leur pays de couleurs et de chaleur. Le bonhomme Hiver était un puissant magicien : tant que les sept sœurs ne seraient pas rassemblées et revenues, le pays resterait plongé dans le froid et la grisaille.

Rachel fut tentée par la mer et ses reflets bleutés.

– Si on allait se baigner ? proposa-t-elle.

Mais Betty ne l'écoutait pas. La main en visière, elle examinait la plage avec attention.

– Là-bas, Rachel... près de ces rochers...

Rachel vit ce qu'elle lui montrait : quelque chose brillait dans le soleil.

– Attends-moi ! cria-t-elle à Betty qui fonçait déjà.

De nouveau elles se penchèrent, impatientes... Et de nouveau, elles poussèrent un énorme soupir.

– Rien qu'un emballage de chocolat, constata Rachel en ramassant le papier métallisé.

– Tu te souviens de ce que nous a dit la reine des Fées ? demanda soudain Betty.

– Oui, répondit Rachel. « La magie viendra à vous. » Tu as raison, Betty. Profitons de nos vacances, et laissons faire la magie toute seule. Puisque c'est comme ça que nous avons trouvé Garance !

[...]

À suivre...

Découvre vite les autres fées de l'arc en ciel,
dans la collection

L'ARC-EN-CIEL
magique

LES FÉES DE L'ARC-EN-CIEL

1. Garance, la fée rouge
2. Clémentine, la fée orange
3. Ambre, la fée jaune
4. Fougère, la fée verte
5. Marine, la fée bleue
6. Violine, la fée indigo
7. Lilas, la fée mauve

Retrouve dans la même collection :

LES FÉES DE LA FÊTE

1. Margaux, la fée des gâteaux
2. Angélique, la fée de la musique
3. Juliette, la fée des paillettes
4. Manon, la fée des bonbons
5. Anaïs, la fée des jeux
6. Prune, la fée des costumes
7. Élise, la fée des surprises

HORS-SÉRIES

Clémence, la fée des vacances

Gaëlle, la fée de Noël

Stella, la fée des étoiles

Et aussi :

LES FÉES DU CIEL

1. Marion, la fée des flocons
2. Alizé, la fée du vent
3. Morgane, la fée des nuages
4. Aurore, la fée du soleil
5. Perle, la fée des brumes
6. Esther, la fée des éclairs
7. Lucie, la fée de la pluie

Composition : Francisco *Compo*
61290 Longny-au-Perche

BRODARD & TAUPIN
GROUPE CPI

Impression réalisée sur Presse Offset par

CPI
Brodard & Taupin

La Flèche (Sarthe), le 31-03-2008
N° d'impression : 46490

Dépôt légal : janvier 2006.
Suite du premier tirage : avril 2008.

Imprimé en France

POCKET jeunesse
12, avenue d'Italie
75627 PARIS Cedex 13